ANAGRAMMÉANA,
POËME
EN HUIT CHANTS..

Quis ridere cupit?

PAR L'ANAGRAMME
D'ARCHET, (Hécart)
OUVRIER MAÇON, L'UN DES TRENTE ASSOCIÉS
A L'ABONNEMENT D'UN JOURNAL LITTÉRAIRE.

95me ÉDITION
REVUE, CORRIGÉE ET AUGMENTÉE.

A ANAGRAMMATOPOLIS,
L'AN XIV DE L'ÈRE ANAGRAMMATIQUE.

Réimpression tirée à 200 exemplaires.
LILLE, 1867.

ANAGRAMMÉANA.

FRONTISPICE
A FAIRE.

Dans un intérieur assez délabré un homme assis, pensif, appuyé sur une mauvaise table garnie d'un encrier ; sur les murs sont collés en guise d'estampes, des écritaux sur lesquels on lit : anagrammes, charades, rebus, logogriphes ; sur le pavé un bac au mortier avec une truelle dedans ; à côté un marteau de maçon, et autres attributs de ce métier jettés pêle-mêle.

ANAGRAMMÉANA,
POËME
EN HUIT CHANTS.

Quis ridere cupit ?

PAR L'ANAGRAMME
D'ARCHET,
OUVRIER MAÇON, L'UN DES TRENTE ASSOCIÉS
A L'ABONNEMENT D'UN JOURNAL LITTÉRAIRE.

95ᵐᵉ ÉDITION
REVUE, CORRIGÉE ET AUGMENTÉE.

A ANAGRAMMATOPOLIS,
L'AN XIV DE L'ÈRE ANAGRAMMATIQUE.

Réimpression tirée à 200 exemplaires.
LILLE, 1867.

RACHET

A SON AMI

OLERY

SALUT

HONNEUR, JOIE

ET

SANTÉ.

AVERTISSEMENT

DE L'IMPRIMEUR

sur cette 95me édition.

Le débit de cet opuscule fut tel, que l'on fut obligé de le réimprimer trente-cinq fois la même année, quoique l'on tirât à six mille exemplaires ; on en expédia pour les quatre parties du monde. Il est vrai de dire que l'époque était favorable, c'était celle du bon tems des licences où l'on était obligé d'expédier de la librairie, des soieries et et autres objets, pour favoriser la sortie de marchandises plus lucratives. C'est dommage que ce tems ait cessé, et que la guerre menace d'envahir maintenant le territoire français ; si j'avais pu prévoir ce nouvel état de choses, je n'aurais pas entrepris cette nouvelle édition qui pourrait bien rester pour mon compte ; je m'en consolerai en l'offrant à un rabais, qui ne me laissera que 75 pour cent de bénéfice au lieu de 300 pour cent.

PRÉFACE.

Le 18ᵉ siècle a vu renaître les *Calembourgs*, les *Charades*, les *Rebus*; le 19ᵉ a produit l'*Almanach des gourmands*, et autres inventions aussi utiles que précieuses ; moi, j'ai imaginé, puisque les ANA sont à la mode, de faire ANAGRAMMÉANA.

Personne n'a peut-être jamais eu d'idée plus heureuse que celle que ma muse m'a inspirée. Cette nouvelle manière de considérer les *Anagrammes* est vraiment curieuse, puisqu'elle doit faire les délices non seulement de mes contemporains ; mais celles même de la postérité la plus reculée où mon nom parviendra sans obstacles. Elle est encore plus heureuse cette idée, puisqu'en me couvrant de gloire, elle ne m'attirera l'envie ni la haine de personne ; chacun satisfait du plaisir qu'il goûtera à la lecture de mon poëme, en remerciera l'auteur, fera des vœux pour sa conservation, et pour que les loisirs que lui lais-

seront ses pénibles travaux, lui permettent
continuer une entreprise aussi ingénieuse qui,
elle a ses roses, ne laisse pas que d'avoir s
épines.

En effet, s'il est aisé de faire un ouvrage sa
plan, sans intrigue, presque sans épisodes, il e
pénible d'assembler toutes ces *Anagrammes*,
vaincre la difficulté de la rime, et de donner
chaque distique un sens fini dans des vers d'u
seule mesnre et d'une si petite dimension ;
faire le mélange des rimes sans presque se rép
ter, et à donner à ces répétions, lorsqu'elles o
lieu, un air tout neuf.

Il est des rimes si rares qu'il a fallu bien de
recherches pour les employer ; ç'aurait été le c
de recourir au Dictionnaire de Richelet ; mais
en serait la possibilité ? Non seulement il faudra
y chercher la rime ; mais il faudrait encore fair
les *Anagrammes* de tous les mots; on sent qu
cela est impraticable.

Ce n'est pas pour faire valoir mon travail qu

j'en montre ici les difficultés ; ce n'est pas non plus pour me jetter aux pieds de mes lecteurs, on ne doit pas se montrer en suppliant pour donner du plaisir. Je veux seulement démontrer à des gens frivoles qui croient que tout est facile, que rien en effet n'est plus aisé que ce genre ; mais qu'il s'agissait de le trouver. On conviendra sans peine que parmi les découvertes dont ce siècle s'honore, celle ci n'est pas la moins utile, puisqu'elle tend à dérider le front de ces gens austères qui semblent avoir fait vœu de ne jamais rire ; et je dis que l'homme qui rit est plus disposé à la bienveillance, que celui qui garde un sérieux glacé. (*)

On sera peut-être étonné de l'art employé dans

(*) Ce qu'on croira difficilement c'est qu'un ouvrier, un simple ouvrier soit l'auteur d'une découverte aussi précieuse. Je ne suis pas comme M. Grimod de la Reynière le fils d'un fermier général administrateur des postes, dont les richesses étaient considérables ; je n'ai donc pas pu inventer l'Almanach des gourmands; les mets que j'offre à mes lecteurs, pour être plus simples n'en sont pas moins savoureux ; tout dépend de l'habitude du palais.

ce poëme : il est tel qu'on peut en commencer la lecture par le dernier chant comme par le premier ; je dis même qu'on peut le prendre au point où l'on veut sans que l'intérêt en souffre ; on peut commencer par le dernier vers et finir par le premier ; on y trouvera le même plaisir, et ce n'est pas une petite chose que de s'amuser et de s'instruire sans fatiguer son esprit.

J'espère que cet ouvrage occupera un rang distingué dans les bibliothèques où il pourra trouver place auprès du *Biévriana*, des *Bigarrures du Sr Des accords, etc, etc.* et qu'un jour il sera payé au poids de l'or par les bibliomanes qui le feront magnifiquement relier en maroquin et dorer comme un calice ; je me transporte en idée dans ces tems reculés, et je jouis par anticipation des hommages qui me seront rendus par la postérité.

ANAGRAMMEANA

POËME.

CHANT PREMIER.

Lecteur, il sied que je vous dise
Que le sbire fera la brise,
Que le dupeur est sans pudeur ;
Qu'on peut maculer sans clameur ;
Qu'il est certain que par la crainte
Et de la fiente et de la feinte,
Et par le prisme du mépris,
Le souil ira couvrir Louis.
Mais si le remord veut vous mordre,
A dorer vous aurez de l'ordre ;
Par nérite ! on est érinté

Par le béton de la bonté.
Dans Achem on mange la mache,
Ce qui fait qu'à cacher on crache ;
Le dragon mange du gardon
Et sa portion de potiron.
Parce que nous avons la carpe
Faut-il échaper à l'écharpe ?
De tabagie à l'abigeat
Il fait un galet d'un légat.
Son agrie en devint plus aigre
Quoiqu'en galère il fut alègre ;
L'homme brusque il faisait busquer
Et puis calquer, même claquer,
S'il conserve une sœur converse
C'est pour porter la serpe en Perse,
Lorsque le trois sera sorti,
Le faible ilot sera loti.
Pour dévier à la dérive,
Il transformat la vie en ive ;

En prenant le brout d'un butor,
D'un roc il se faisait un cor.
Il a choisi le beau de l'aube
Pour faire l'orbe d'une robe ;
Et dans ce siècle ciselé,
Il fera cloué de coulé.
Les récolets font les récoltes,
Comme les volets font les voltes.
Voulez-vous un saint de satin ?
Prenez le carmin de Macrin ?
La bête asine a la sanie
Comme Almadie a maladie.
J'admis un jour le roi Midas
A manger salep et lépas ;
La surcase de sa cassure
A suer en devint plus sure.
Le chérif tint la terre en friche
Lorsque l'échin lui fit la niche.
Vous amusez-vous d'un hicard ?

Prenez-garde qu'il soit chiard.
Sa chiasse est sur la chassie,
Et même celui de Lucie,
Pour chicoter un ricochet
Prenait le châtel d'un châlet.
Sur son échasse elle est chassée,
De sa causée elle est saucée.
Pline remplit tout son pénil
D'un dur lichen dans un chenil;
Sa césure en fut plus sucrée,
Et son échiffre mieux chiffrée.
Cherchant un ranchier au charnier,
Il chiera tout plein son cahier;
Pour chier il fait une chrie,
Et lorsqu'il a la ripe il prie.
Citer d'un écrit le récit
Le fit coti dans son coït.
Il mettrait sa proie à la poire
Et momerie en sa mémoire;

S'il veut établir un blatier,
Qu'il lui donne son tablier.
L'époux est épris d'une prise
Dont la prisée était éprise.
C'est en marchant qu'il est charmant
Et tané comme le néant.
En voulant prendre notre trône,
Il s'en fut pour noper au prône ;
Le lanture est au naturel
Ce que le plane est au napel.
Un jour voulant damer le drame,
Je passai la mare à la rame ;
Là je vis le diacre Dacier
Se faisant cirer pour crier
Par une femme courtelette
Qui mangeait une croutelette ;
Il fut repic, même crépi,
Il a pâti, puis s'est tapi.
Le coude lève à femme douce

Comme la coupe de son pouce.
La bruche va dans le bucher,
Pour charmer elle veut marcher.
Chaque langue aura sa lagune
Pour butiner à la tribune ;
Les poires donneront l'espoir
D'aller voir les rois sur le soir ;
Le calque sera fait de lacque,
Notre barque ira comme un braque.

CHANT DEUXIÈME.

Lorsqu'un Priape de papier
Dérive avant de dévier,
Il fait l'éloge de géole,
Et se voile d'une viole ;
Il veut verser pour se sévrer,
Trouer la roture et l'outrer ;
Il met ses veines dans Venise,
Sa salive dans sa valise,
La plus jeune dans son enjeu,
Et la plus neuve à son neveu :
Aussi sa grive est-elle givre
Dans un cuvier tout plein de cuivre.
Jusqu'en son verre il veut rêver,
Et dans son verger se gréver ;
Il recule en voyant l'ulcère.
Privée et pris par sa vipère,

Il unit les époux la nuit
Et trop mutin il les munit
D'un alfier qui vole et qui flaire
Pour égaler une galére.
C'est un agent comme un géant ;
Il est ganté comme un étang.
Il veut huer avec sa hure,
A puer elle devient pure ;
De tendre elle ferait denter,
Trop brute elle ferait buter.
L'ilote prendra de la toile
Avec une olive de voile,
S'il rencontre un algérien ;
Il le fera galérien.
De l'alezan la voix nazale
Des faciles fera fiscale ;
Il ira chercher l'alevin
Pour lui tenir lieu de levain.
Le gardien prendra la gradine

CHANT DEUXIÈME.

Pour aller dans l'Inde où l'on dine ;
S'il fait un diné d'un déni
Par le nitre il sera terni.
Dans Ternate il verra Tarente
Et dans tenter il mettra trente,
La tarte le fera tâter
Et tarer le fera rater.
Mettez une clape à sa place
Le ressac donnera la crasse
Par la ponte ayez le peton
Et par le potin le piton,
Il s'est perdu pour une prude
Dont la mine était dure et rude
Prenant le plâtré d'un prélat,
D'un lacet vous verrez l'éclat ;
A tarder vous aurez la dartre,
Mais pour tramer prenez la martre.
L'hymne vout donnera l'hymen
Pour chanter l'ange dans Agen.

Avec l'armet on suit la trame
Dans la mare on verra la rame ;
Pour noter avec un tenor
Il lui donne la corne encore.
La brue aura l'habit de bure,
La sueur viendra de l'usure ;
Lorsqu'on est sure un peut suer
Et si l'on ruse il faut user.
Lorsque du porche on sera proche
Le cocher buveur ira croche ;
Caduque puise à l'aqueduc
Pour y trouver le cul de Luc ;
S'il en voit la couleur vermeille,
Il crie : ah ! c'est une merveille !
Ici le brave doit baver,
Pour veler il faut se lever,
Car de Minerve la vermine
De saine deviendrait asine :
Si dans le Mein tu vois le mien,

Dans ton sein tu verras le sien.
Lorsque dans la Meuse une truite
Se repait avec la turite ;
Le fiacre aura soin du cafier
D'Hipocrate pot à chier.
Si tu mets la tortue en tourte,
Ne fais pas la croute trop courte ;
La souris puera le roussi,
Le crime nous criera merci.
Si l'on voulait ambrer du marbre
D'une barre on ferait un arbre.
Quoique le lac vous fasse un cal,
Soyez malingre en germinal.
La cigale abonde en Galice,
Avec la cive on a le vice :
Mon dessein est de le claquer
Parce qu'il veut toujours calquer.
Lorsque les ânes sont dans l'anse,
Le nacre peut devenir rance ;

L'ingrat mangera le gratin,
La graine fournit le regain.
Le créateur, la créature ;
Et le graveur et la gravure,
Font que les grains sont bien garnis,
Que par le supin je punis.
Certaine drogue est une gourde
Qu'on veut souder lorsqu'elle est sourde.
Nicodème est comédien
Lorsqu'on veut nier on n'a rien.
Si mon ménage est un manége,
Mon génie ira dans la neige.
Si vous voyez pauvre paveur
Garantissez-lui la vapeur.
Avec de l'encre on fait le cerne
Lorsque l'on entre l'on est terne.
Le bétail est bien établi
Lorsque son poil est bien poli.
Je vous accorde une cocarde,

CHANT DEUXIÈME.

Prenez-donc le grade du garde.
Pour admirer un madrier,
J'admire le jeu du damier.
L'épicerie et l'épicière
Font un recueil de la culière.
Au carmel on verra Marcel,
Prendre les, pronom, pour du sel.
L'émigré fuit notre régime,
C'est sa manie, elle l'anime.
Un haricot comme un chariot
Porte un trope comme un Perot.
Il est digne d'aller à Gnide,
D'en passer la digue sans guide.
On a beau curer un recru,
Duper la prude, il est perdu.
A ce singe faites-vous signe ?
Le linge sera sur la ligne ;
Si le frêne chauffe l'enfer,
Le cancre ira vers le cancer.

CHANT TROISIÈME.

La limace a de la malice,
La Sicile offre la silice ;
Avec l'étron on peut noter,
Avec de l'argent se ganter.
Si Laerte nous rend alerte,
Prête nous donnera la perte.
Avec le nitre il faut tenir,
Par le rubis on doit subir ;
Et si la lèpre est une perle,
Mêler nous offrira le merle.
Avec Minos nous aurons moins,
Les girons donneront des groins,
Délier fera le délire,
Avec ride l'on pourra dire
Que les arts donneront des rats,
Et les granits rendront ingrats.

Les nitrates font des tartines,
Nîmes fera faire des Mines ;
Avec ars nous serons bien ras,
Dans le sac on mettra le cas.
Les gantiers feront des ingrates
Les âtres rôtiront des rates ;
L'iman nous donnera la main,
Le Nil fera croître le lin.
Avec argile on aura glaire,
Architecture, charcutière ;
Si nous voulons nous délasser,
Nous boirons pour nous dessaler,
Avec la blate on tiendra table,
Avec bale nous aurons l'able ;
Le lecteur peut dire ouf! le fou ;
Moi d'une tour je ferai trou.
L'acier donnera la carie,
Nime nous offrira l'amie ;
Les Maures iront s'amuser,

Un sbire les fera biser.
Un cadeau donne de l'audace,
L'acre nous donnera la race ;
Le cadran peut faire un canard ;
Le tracé donnera l'écart ;
Et pour écarter un cratère,
Ecorche une porte cochère ;
Pour prier avant de riper
Parle, alors tu pourras laper.
Le panier porte la rapine,
Le Mein vous donnera la mine ;
On peut plaire sur un palier,
Mais aussi rien peut le nier.
Si vous faites la nique au quine,
Dans une minute mutine,
Vous direz le monde un démon,
Et trouverez le nord tout rond.
Sans le cône il n'est point de nôce
Ou bien c'est l'essor d'une rosse.

Si César n'était point sacré
Et le carême macéré,
Saluces serait sans culasse ;
Sans casser il n'est point de crasse.
Un parent me donne un arpent,
Je lui fais présent d'un serpent ;
Si l'organe donne une orange,
Soudain je nage sur un ange ;
Je mets panis dans le sapin,
Et vois le plain sur un lapin.
Avec canule on fait lacune,
Si l'on prend nue on peut faire une.
Gallien peut être inégal,
La laide nous donne idéal.
La liane sera la laine,
La lapine ira dans la plaine ;
Ici les bouts seront obtus,
Par là les uns seront tout nus ;
Ici les alpes seront pâles,

Les lames donneront des mâles.
Le bélitre a la liberté,
Le pirate a la parité.
Le messier veut être messire ;
Il crie, il hape, il prend la cire.
La lime peut donner du miel ;
La lice fait gagner le ciel.
Son image est une magie
Qui donne au Maine la manie ;
Les ivrognes sont vignerons,
Les romans deviendront marons ;
Ainsi la turbe est toujours brute ;
Mais le tube deviendra bute.
Le mois de mai nous est ami ;
Curé ne prend dîme à demi ;
La canête sera tenace
Et la carte suivra sa trace.
Hélas ! Caton dans un canot,
Perdit son ost et fut tout sot.

Le doreur donne la dorure,
Mais le rodeur aura l'ordure ;
Et par la crainte il est certain
Que Damien sera mort demain.
On a beau couper sur sa croupe,
La poule aura toujours la loupe.
Le cep fera manger du pec,
Avec ces il deviendra sec.
Si la folie est en fiole,
J'aimerai flore et je la frole.
Si le détail est dilaté,
L'état sera bientôt tâté.

CHANT QUATRIÈME.

Lecteur, reprends cette lecture,
Sans muer tu deviendras mûre ;
Le mon te donnera le nom
Lorsque les nos prendront du son.
Si tu voulais une morille,
Tu la trouverais sous l'ormille ;
Et si tu chéris le moreau
Va le retrouver sous l'ormeau.
Quoi ! tu veux trouver un monarque,
Attrape le dans le nomarque ;
Le moindre voudra dominer
Et le minéral laminer.
Vois-tu la macre de ce carme !
Ah ! comme il marche, c'est un charme !
Lecteur ! veux-tu te marier ?

Imite le gentil ramier.
Lorsqu'Aminte sera mâtine,
Son chien reviendra de la Chine.
Le prince a seul droit de pincer,
S'il renonce il sait s'énoncer :
La misère aime la remise
Comme le seigle fuit l'église.
Aride pourrait nous aider
Comme la dartre peut tarder ;
On criera merci pour le crime ;
Pour l'animer on se ranime,
L'acre et la race font arec,
Comme de cave on fait avec.
Toutes les tuiles sont utiles
Comme les aigles sont agiles.
Ah ! si la berle fait bêler,
On peut bien blaser pour sabler.
Nous irons chercher aux tropiques
Des glaces comme des portiques ;

Et si nous aimons le blason,
Nous irons vendre du sablon.
Blaise et Basile ont la balise
Comme dans une isle on voit Lise ;
Avec la torche et le rochet,
Il faut tacher d'avoir l'archet.
A la Chine on nous fera niche
Par chier on deviendra riche :
Alors le chantre peut chanter,
Et quoiqu'il en puisse couter
Il aura croute, coutre, courte,
Même une outre nageant sur l'Ourte.
Mon rival vers le mois d'avril
Rouira son lin dans le Nil ;
Si ma veine lui porte envie,
Elle est vraie, elle en est ravie ;
Les rois la verront sur le soir,
Lorsque l'orin deviendra noir.
Il n'est pas de sauce sans cause,

Quoiqu'on puisse oser sans la rose,
Avec la rose on peut oser,
Avec la prose se poser.
Ronce et cronc feront la corne
La cornée encore j'écorne.
Lorsque le concert est concret,
Elle est plate comme un palet.
Rancé, écran, carne, ancre et le crâne
Pour caniche feront chicane.
La charité peut nous châtier,
Le mérite aura son métier,
Le créole sera colère
S'il a de la marée amère.
A choper on peut se pocher,
A la brèche on pourra bêcher,
A la mode on verra le dôme
Lorsqu'Omer ira jusqu'à Rome ;
Si vous avez admis Damis,
Avec mais vous serez amis

Pour échapper à cette écharpe
Faites un phare d'une harpe ;
Le drame vous fera damer
Avec la rame on fait amer
Mon dessein veut que je dessine ;
L'infâme prendra la famine,
Et s'il veut manger du cardon,
Il aura recours à Dracon.
Estimons la feinte une fiente ;
Ergot la grote, entre la rente ;
Avec de l'ordre on peut dorer,
Et même l'on pourra roder,
De fiel si l'on fait une file
De lipe on ferait une pile ;
A désirer de résider,
Avec le cèdre on doit céder,
Le folet entre dans la flote,
La tole donnera la lote.
Deviner s'il peut devenir

Ravine, navire, avenir,
Le fluet est comme une flûte
Tout comme mutine est minute ;
L'échif nous donne une fiche
A ficher on fera la friche ;
La fraude nous fera fauder,
Regard, Gérard feront garder.
Plus une forêt sera forte,
Plus le prote ouvrira la porte :
Le traître viendra nous traiter,
Si je frête, je veux fêter.
Si par férir on voulait frire
Par la ruine on pourrait nuire.
Ce que j'ai de frêle à fêler,
Est une fleur qui peut fluer.
La gaieté toujours agitée
Fait que l'étage est tout gatée ;
Pour moi, je fuis, car c'est du suif.
Non, te dis-je ? fi ! c'est de l'if.

Quand le Luen verra la lune
Prendre sa canule en lacune,
Et quand je sentirai l'auster,
On pourra bien me voir sauter,
Dans la bauge mettre ma bague,
Ensuite baguer comme un brague.
Si l'alose sent l'aloès,
Je pourrai bien saper après,
Et donnant une aile à la laie,
La femme du geai sera gaie,
Et le bélitre en liberté,
Créat le tracé du carté.
Prends la carouge avec courage,
Et de la sauge fais usage,
Puis mets le condor au cordon
Pour voir de Condé le cédon.
Avec une arête tarée
Pour émier une mirée,
Sur velin peindra l'épinard

Que Gérard goûte d'un regard.
Fais une volue à la louve
Et s'il est ouvert, qu'on le trouve,
Fais nous fariner un refrain,
Avec le pian fais-nous du pain.
Veux-tu boiter dans ton orbite ?
Hé bien, crois-moi, tire le rite.
Si tu veux fuser un refus,
Fais ton salut sur un talus.
Equipe le poëme épique
En Querci tu verras la crique ;
Et si l'on décrit le crédit
Aussitôt d'un trait il tarit.

CHANT CINQUIÈME.

J'aime la game comme un mage ;
Gare, vous dis-je, c'est la rage !
Parce qu'un géant est ganté
Faut-il que l'égout soit gouté ?
Non la tige va droit au gîte,
Et le rétif va sur la frite.
Mais la gale rend tout égal
Pour galer on fait un régal ;
En sorte que s'il a l'entorse
Le cofre sera dans la force
Si l'on voit les tirans riants,
Les phalènes sont éléphans.
Socrate cuira les carotes
Et fera les tostes des sottes ;
A côté, je pairai l'écot,
S'il est ort, je prendrai le rôt.

Et pour estimer le mystère,
Je rendrai service au viscère :
Si pour flétrir il faut filtrer,
A trier vous pourrez tirer.
Le rêveur aura la verrue,
Un peu dure, même un peu drue
Il était envié, veiné,
Sa parenté l'a trépané.
Pour notre coulpe prend ce couple
Les poules le rendront plus souple
Si le pénil de Pline est plein,
Un zani donnera le zain.
La carouge enfle le courage,
L'ancrage offrira le carnage ;
Le grade, la garde et l'égard
De cardan feront un canard.
L'arimage est un mariage
Qui de la sauge fait usage.
Voyez-vous ce gueux de carlin

Comme il sait bien faire un larcin !
Avec le mirte d'une mitre
Il pourrait vêtir une vitre.
L'alonger pour la galoner
Le moindre voudrait dominer.
Ta valise dans la salive
De vaine deviendra naïve.
Ce genre pourrait nous gêner,
Nous ranimer, nous mariner.
Pour épier voyons l'Epire,
Qu'il rie il quittera son ire ;
D'un bidet il aura débit,
S'il boit le jour de son obit ;
S'il reçoit la verge à la grève
Sa vierge en sera plus grièvc ;
A Siam sont ses amis, mais
Il ira les saper après.
Si l'on porte envie à ma veine,
De l'épine on aura la peine ;

L'orpin fera prendre à Piron
Le joli contour d'un crouton.
Le chanteur chante pour la tanche,
Il veut encor chanter la tranche ;
Il veut causer, je veux saucer,
Il se crasse, je veux casser ;
Tout en voulant bifer la fibre
Je mets le bercail en calibre.
S'il munit un âne mutin
De la vision de son voisin,
Dans la poussière des soupières
De prières il fera pierres.
La faim canine d'un ancien
L'a béni lui faisant du bien.
Vers le Pérou tourne la proue,
Pour avoir l'odeur de la droue ;
On peut entrer pour me renter,
Et de la rente on peut m'enter
Dans la rigole de la gloire,

Je sais obéir et puis boire.
Si le bétail est établi
Plier lui fera le repli ;
Lorsque la napée est panée,
Elle peut encore être apnée.
En Adel on surprit Léda,
A notre abord elle broda.
Un amuseur dans la saumure
Va s'amuser dans la masure.
Le jour où l'on corna Craon,
Acron fut passé par Caron ;
Icare ira chercher au Caire
Une raie au milieu d'une aire.
L'Algérien galérien
Fut alingé par Galien ;
Il croasse dans un carosse,
Pour bosser avec un brosse ;
Il porte Adonis aux Danois,
S'il a soif il boit une fois.

Blaise mettra dans sa balise
Une asile avec une alise ;
Le caramel le calmera,
Pour avaler il lavera.
S'il veut aviner un navire,
En Brie il portera la bire ;
Dans Albi voulant faire un bail.
Il se fit lai pour manger l'ail
Et sur l'aile d'un aigle agile,
En son fiel il suivit la file ;
Il fut amplier un palmier
Pour lire au lieu de le lier.
Sur la lampe d'une ample palme
Il prit la macle pour le calme.
Si nous aimons notre maison,
Du sablon prenons le blason.
Le Dace fournira le cade
Pour la madone et la monade,
Sur l'Etna tu verras l'anet,

Fais en l'acquet par ton caquet.
Glane le lange auprès de l'angle,
Et dans les angles prends la sangle,
Malines vend des alimens :
Prends les arpens de tes parens
Par l'armure de la ramure
Il met sa tapure en pature.
Porte les graines aux engrais !
C'est votre avis ! hé bien ! j'y vais,

CHANT SIXIÈME.

Lorsque Seba prit une base
Il la fit de sable qui blase ;
Dans son cabat mit du tabac
Et trouva son cas dans son sac,
Qu'il changera pour un archange;
D'Agen il ira trouver l'ange.
En prenant le taureau d'Autreau,
A sa cause il mettra le sceau ;
Il est altier en sa latrie,
Prend l'ancolie en Laconie,
Et pour mieux parler le latin,
Il va l'apprendre dans Altin,
Il est d'un caractère aimable,
Docile, charmant, amiable ;
C'est ainsi qu'on le dit niais
Pour être aux aguets des augets

Pour nous aider il est aride,
L'arsacide est un ascaride ;
Il est traître pour attirer,
Il est de marbre pour ambrer ;
Et quoi qu'il ait l'ambre du brame,
Il ne va que l'amble du blâme.
Pour le carner il faut l'ancrer
Et pour ramer il va marer
Il prend la marée à l'armée
Quelquefois même à la ramée.
A s'égarer pour agréer,
Il régorge pour s'égorger.
De la rame il se fait une arme
Et de marle il prend une larme :
Le camus prendra du sumac
Il mettra son cal dans le lac ;
A facer la mine d'un Cafre,
Les affres donneront du saffre ;
Le carlet offre le cartel

CHANT SIXIÈME.

A Marcel sur le mont Carmel ;
Près de Nicole et Coline,
Va tatiner une tartine.
Je courberai le caroubier,
Dans la varice d'un cavier.
La centurie à la ceinture
Créüse a creusé la césure
Et voulant ficher un chérif
Lui donna le fichet chétif.
Voulez-vous nuire à sa ruine?
Faites-lui lacher son urine ;
Vous lui direz, s'il veut plaider,
Qu'il peut se faire lapider.
Le nomade a mis la madone
A la poterne de Pétrone.
A Rouen faut-il tant nouer,
Se ruiner pour uriner ?
Les caniches font des chicanes
Pour mettre l'anse au dos des ânes ;

Dans le curoir il faut courir
Et prendre zirphé pour zéphir,
Prendre la treille d'une étrille,
Et pille étron de Pétronille.
Par son rhume il voulait l'humer
Pour le marcher et le charmer.
Quand le grand Dacier était diacre,
Le cafier cultivé du fiacre,
Faisait le lopin d'un pilon
Pour nourrir de loin le lion ;
Il l'avait porté à la Protée.
Au prêtre il a voulu prêter,
Une porte mais pour opter,
Faite à Naples avec des planes
Tirés des plus saintes tisanes ;
Au Liban il fit son bilan,
Et mit une canne à l'encan ;
Mit en canelle sa nacelle,
Pour la porter à mére Ancelle :

Par le brai la met à l'abri
D'être filtré s'il n'est flétri
Pour la carpe prenons la câpre
Qui se pare en devenant âpre.
Soyez cruel envers Nevers,
Ce sera verser le revers.
Oui, la gorgée égorge George,
Mais à l'égorger il regorge.
Fréron était moins qu'un ferron ;
Bon ! il ronfle comme un frelon,
Avec sa gourme il a la morgue
Et devient rogue comme un orgue ;
Aussi bigle que le Gibel
Il frappait Léon et Noël ;
De lipe il faisait une plie
Prenait l'étoile en Etolie ;
Le varech faisait un vacher
Avec la croche du cocher,
Pour la garance il prit caragne

Près de la maligne Limagne,
Eacus fut si bien saucé,
Si dessalé, si délassé,
Qu'il mit l'ucher dans une ruche,
Et dans le bucher prit la bruche ;
En voulant voir huer son heur,
Il fut heurter chez un rhéteur ;
Mais la gantelée élégante,
Etant mise auprès de sa tante
A son réveil suivit un lièvre
Qui voulut véler par sa lèvre ;
Avec le titre d'un tiret,
Dans la Thrace il fit un archet,
Il est si sobre comme sorbe,
Broute la tourbe et le tuorbe,
Prend de l'arbois chez le Barois,
Des viragos dans les gravois :
S'il change il mérite la ganche ;
Il chancèle pour une éclanche ;

CHANT SIXIÈME.

Mais l'anis le rendra plus sain,
Ou le milan sera malin,
Le more ira tout près de l'orme
Faire la morce d'une corme
Près de minot, miton, timon,
Il mettra moins, Minos, Simon.
Il punit le reste des êtres
D'avoir pris les éthers des hêtres.

CHANT SEPTIEME.

Quand parfois je mire une rime
Je suis à la merci du crime ;
Pour suer si l'on veut m'user,
Moi je renonce à m'énoncer.
Auguste cruelle pour son lucre
Lorsqu'il voulait sucer du sucre,
Avait un scarificateur
Qu'il faisait sacrificateur.
Il prend et poularde et palourde
Laquelle a souder devient sourde,
Et voulant plaire à son pareil,
Mit du lotier sur son orteil.
Le lierre oblige à relire.
Il prend l'étrier, le retire,
Et me fait goûter du rouget
Pour m'attirer dans un retrait :

Puis en raie il s'en fut dans Aire
Romaniser un sermonaire.
Fait réciter pour étrecir,
Dit-il, les rides du désir ;
Donne à Darsine une sardine,
La sinovie à ta voisine ;
Va digérer pour rédiger,
A Lorge tu viendras loger :
Là le doreur fait la dorure,
Le relieur, la reliure,
Le tuf y sent même le fut,
La brute est passée au rebut.
Le corbeau prend une merise
Au beau milieu d'une remise,
Disant le renard la rendra,
En criant gare ! dans Egra.
Cependant pour l'oter il rôte,
Puis se met à coter la crote,
Il prend le boire pour l'obier,

Met le bousier dans l'obusier ;
Puis me fait léguer du régule
Peint avec le bleu d'une bulle ;
D'un nabot il prend le baton,
Pour faire un tapon d'un paton ;
A cet ogre il porte de l'orge,
Qui pour s'engorger se rengorge.
Il dit : prend trope pour toper,
Va pioler pour opiler ;
De paitre il faisait la partie,
Car un pirate est sans patrie.
Partons pour prendre du sparton,
Toutes les femmes ont le ton.
La sirène est une résine
Qui se nipe de fil de pine ;
Qui vous *sert très* fort dans ses rets,
Son siflet vous prend aux filets.
Moi, je m'en vais en Utopie,
Pour y jouer de ma toupie ,

J'y serai repu par la peur,
Car le plieur fait le pileur ;
Il périt de répit, il tripe,
C'est pire, il prie, il a la ripe ;
Il met le placet au clapet,
Et la plate sur son palet,
La verdeur dans la verdure,
Puis met en poudre la podure :
Met une perche à ce pecher,
Va se percher pour mieux prêcher ;
Prend la pépie à la pipée,
Etait de séric une risée ;
Prend de l'argent et du grenat,
Met son rabat dans un barat,
Avec de solides idoles
Qu'il prend pour en solder ces drôles.
Ah ! dit-il, que cette aube est beau
Le poireau vaut bien l'oripeau !

  Je te salue, ô joli saule !

CHANT SEPTIÈME.

Protège l'algue dans la Gaule!
Donne des riens pour le serin!
Que le Sabin ait du basin!
Donne au reveur une verrue!
Fais que l'une soit dans la nue!
Que le voleur bien révolu ;
A se souler soit résolu!
Fuis les tuorbes et les tourbes,
Je suis obscure auprès des courbes ;
Mets dans le patis un tapis
Pour servir aux divers Dervis.
Avez-vous vu ce triste spectre ?
A la maiu il portait un sceptre.
Suivant la trace d'un caret,
Il fait fuir Albert dans Albret.
Le maire veut aimer Marie
Et prend de la saie en Asie,
Où d'une raine un vil anier
Voulait adirer un radier.

Si de cuire il a la curie,
C'est par la boite de Tobie ;
Le diable chiera le cahier,
Afin de croiser le sorcier.
Il prend les Boiens en Bosnie,
Puis il burine la Brunie.
Un jour Lia mangeant de l'ail,
Prit Corali pour du corail ;
Et par les veuves du Vésuve,
Elle fut vétue en l'étuve ;
Puis elle crie avec Eric
Aux racines de l'arsenic !
Elle fut logée en géole,
Dans la Loire fit la riole ;
Une bourde la fit bouder,
Mais un rebord la fit broder.
Alors sa tente en fut plus nette ;
Elle s'émeut elle est muète,
Avec la larve du Velar,

Dans Arch on vit trainer son char ;
Lorsqu'elle parut dans Adda,
On la vit trainer son dada ;
Grande elle fut dans le danger
Et mit à gerber son berger ;
Alors voulant bouler un rouble,
Dans son bourlet elle vit trouble.

CHANT HUITIEME.

Ulisse le fils de Laerte
Etait vif, prompt, subtil, alerte ;
Lorsqu'il voulait se délasser,
Il buvait pour se déssaler,
Alors il était plus aimable ;
Et d'un caractère amiable.
Etant tout ce qu'il peut valoir
Il sortait vite du lavoir,
Pour aller faire une rôtie
Chauffée avec du feu d'ortie ;
Alimenté par ses ablais
Qu'il prenait avec des balais.
Adet lui présentait la date
Où la tare prenait la raie ;
Avec son aire un peut riant,
Le Tarin est un vrai tiran,

Qui, pour aller braire à Briare
Ouvre la rape et puis la pare,
Pour la porter à Gabrielle
Qu'il trouva chez le Barigel.
Dans Arle il va plumer un râle,
L'ouvre avec la lame du mâle;
Met le chabot dans son bachot,
Oui, je le dis, Tom est le mot.
Mais sur les flancs d'une autre Taure,
Dans Rome il vit qu'un vilain more
Va baliser un sablier
Pour baisoter un sabotier,
Qui, dans Ulme prit une mule
Donnant la berlue à Bérule;
Il fut y viser pour sévir,
Prit le ribaud pour se baudir
Avec Benoit, d'une bonite,
Il fit la trémie au mérite,
En passant les nuits à Tunis,

Tous les mois il avait omis
De recueillir des violettes,
Et de danser les olivettes,
Avec un octuple couplet.
Qu'il tenait d'un pétrel replet.
Son corps enflé comme une nèfle,
Avait tout le reflet du trèfle,
Il a tant cuvé, tant vécu,
Que son duché sera déchu.
En traitant la dermologie,
Il apprit la merdologie.
Qui me fit douter au détour ;
Pour la trouer à mon retour.
Il prit à Fleurus du sulfure
Dont le facteur fit la facture ;
Mit le nectar dans le carnet,
Puis voulut quitter son triquet.
Il prit les taches pour les chates,
Le seringat pour les ingrates ;

Il mit une bonde au bedon
Qui faisait bondir un bridon.
Il fit peloter le Pétrole,
Dialoguer la gaudriole,
Du nostoc il fit des cotons,
Des brontes avec des Bretons ;
Aux brebis il donna des bribes,
Des brices il en fit des scribes :
Lorsqu'il vit le ciel étoilé,
Par l'ombre il fut étiolé.
L'enragé dans une garène
D'un ennemi faisait la mienne :
Il prit le reste pour ester
Et du hêtre il fit de l'Ether,
Enfoui par une fouine,
Dans le terrein d'une terrine,
A l'écart il prit du cérat
Que le carté tracé créat
Lorsqu'il voulut gêner le nègre,

CHANT HUITIÈME.

Il prit un image bien maigre ;
Fit des tripes avec esprit,
Puis voulant citer un écrit,
Médée a guéri son édème,
Prenant la berme sur la brême,
Il nous berce avec un rebec,
Ayant les pactes pour aspect.
Qui traite ce fabel de fable
A Basle ira vendre du sable,
Activé dans la cavité,
Il mit l'écot de son côté ;
Pour abuser de la sabure,
Il se fit clouer la colure.
S'est-il agi d'être plus gai ?
Elle était gaie autant qu'un geai.
Dans Alep elle devint pâle,
Avec l'alce se fit un cale ;
D'acqueter et de caqueter,

La clôture elle fit clouter.
La caline, avec la lanice,
Me fit acciper un caprice,
Et me fit fendre le refend,
Au milieu d'un centre récent.
Lorsque les unes sont aux nues,
Le Suisse en connaît les issues.
A prier elle crut périr,
Vit le vanier dans l'avenir,
Puis elle a fait chomer le chrome
Et transporter de l'orme à Rome :
Les mères voudront en semer.
- Faut-il tant armer pour ramer ?
La lapine disait en plaine
Que Lavinie était Vilaine ;
Que, qui d'un mur tire du rum
A Munster perdra son sternum ;
Fit de Bénoite et de Bétoine,

CHANT HUITIÈME.

L'antinomie à l'antimoine,
Disant : met l'argot au garot,
Timon ne vaut pas un minot.
Voulant établir ma créance,
Je ferai faire la carence ;
Car j'ai la valeur d'un laveur
Et la rapure d'un rapeur ;
La bravade d'une bavarde
Je sais valider la livarde,
Je laisse taillure au tailleur,
La ciselure au ciseleur,
Et sur la tige d'une gîte,
J'ai méritée une émérite.
S'il est harpé par son hépar,
Je lui banderai son arc, car
Près de la nièce de Cénie
Aussi fière qu'une férie,
Il mettrait un frein au férin

Auprès du manoir d'un Romain
Prendrai la rotule à la loutre,
Puis en route il passerait outre,
Car, sur le socle il est éclos,
Moi je vais poser mon repos.

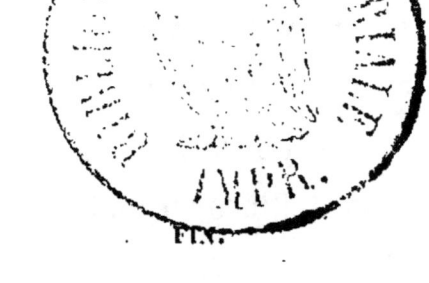

FIN.

Lille, imp. Horemans.

LIBRAIRIE ANCIENNE ET MODERNE
DE LELEU A LILLE.

RÉIMPRESSIONS EN PETIT NOMBRE.

Raillerie universelle, dédiée aux curieux de ce temps, en vers burlesques, précédée d'un avertissement, par M. Ch. V. S., in-12 broché. Lille, 1857, tiré à 150 exemplaires sur papier vergé.   2 »
C'est la reproduction d'une des plus curieuses pièces publiées en 1649, sous le titre de Mazarinades.

Lille en vers burlesques. Les embarras du jour de l'an, mœurs des Lillois anciens et modernes, les promenades de l'Esplanade. Sur l'imprimé à Lille, 1737. Lille, 1859, in-12 papier vergé.   2 »
Il ne reste que quelques exemplaires.

Dissertation sur les maléfices et les sorciers, où l'on examine en particulier l'état de la ville de Tourcoing, sur l'original de 1752. Lille, 1863, gr. in-18 pap. de Hollande, tiré à 200 exemplaires.   3 »
Jolie reproduction de ce petit livre curieux dont chaque page est encadrée d'un filet rouge.

Histoire du prince Croqu'étron et de la princesse Poirette. A Gringuenaude, chez Fleurimond Mordant, rue du Gros-Visage, sur l'original. Lille, 1864, in-12 papier de Hollande, texte encadré d'un filet rouge, tiré à 200 exemplaires.   3 »
Jolie réimpression de ce petit livre facétieux, devenu rare et dont l'édition originale atteint souvent en vente un prix exagéré.

Catéchisme des courtisans de la cour de Mazarin. S. L., 1649, petit in-12 de 16 pages, papier de Hollande. Lille, 1866.   1 50
Réimpression de ce curieux opuscule tiré à 122 exempl. renfermant 53 questions facétieuses dans le genre de celle-ci : Qu'est-ce qu'un Cornard ? Rép. Un homme dont un chacun dit du bien et que personne n'envie.

Le Catalogue de livres anciens et modernes sera adressé aux personnes qui en feront la demande.

DIRECTION DE VENTES DE LIVRES, ACHATS DE BIBLIOTHÈQUES, ÉCHANGES, ETC., ETC.

Lille, imp. Horemans.

www.ingramcontent.com/pod-product-compliance
Lightning Source LLC
LaVergne TN
LVHW020109100426
835512LV00040B/2154